BEI GRIN MACHT SICH IHR WISSEN BEZAHLT

- Wir veröffentlichen Ihre Hausarbeit,
  Bachelor- und Masterarbeit

- Ihr eigenes eBook und Buch -
  weltweit in allen wichtigen Shops

- Verdienen Sie an jedem Verkauf

Jetzt bei www.GRIN.com hochladen
und kostenlos publizieren

Konstruktion und Bau einer Gasmesseinheit. Am Beispiel von Erdgas

Bibliografische Information der Deutschen Nationalbibliothek:

Die Deutsche Nationalbibliothek verzeichnet diese Publikation in der Deutschen Nationalbibliografie; detaillierte bibliografische Daten sind im Internet über http://dnb.d-nb.de abrufbar.

ISBN: 9783389014905
Dieses Buch ist auch als E-Book erhältlich.

© GRIN Publishing GmbH
Trappentreustraße 1
80339 München

Alle Rechte vorbehalten

Druck und Bindung: Books on Demand GmbH, Norderstedt Germany
Gedruckt auf säurefreiem Papier aus verantwortungsvollen Quellen

Das vorliegende Werk wurde sorgfältig erarbeitet. Dennoch übernehmen Autoren und Verlag für die Richtigkeit von Angaben, Hinweisen, Links und Ratschlägen sowie eventuelle Druckfehler keine Haftung.

Das Buch bei GRIN: https://www.grin.com/document/1466229

University of Applied Sciences Mittweida
Computational Intelligence Group
Technikumplatz 17
09648 Mittweida / Germany

Elektronische Bauelemente:
Bau einer Gasmesseinheit

Am Beispiel von Erdgas

Inhalt

Anm. der Red.: Die Datenblätter im Anhang wurden aus urheberrechtlichen Gründen entfernt.

Beschreibung

Die gewählte Aufgabenstellung im Fachbereich elektronischer Bauelemente ist die Konstruktion und praktischer Aufbau einer Gasmesszelle mit abschließender Dokumentation.

Die physikalische Grundlage des Messgeräts ist die Absorptionsspektroskopie. Bei diesem Verfahren absorbiert das detektierende Gas in einer Messkapsel zwischen Lichtquelle und Fotodiode einen Teil des Lichts und führt damit zu einer Änderung der Intensität an der Fotodiode. Dies Änderung ist ein Maß zur Ermittlung der Gaskonzentration in der Messkapsel. Ziel der Arbeit ist es, auch nur geringe Mengen möglicher Gaskonzentrationen nachzuweisen. Denkbare Einsatzgebiete sind dabei alle Bereiche, in welchen ein Entstehen von Gasen denkbar ist. Typische Einsatzgebiete einer Gasdetektion mit Früherkennung wären z. B. industrielle Bereiche wie Erdöl- oder synthetisch verarbeitende Betriebe von flüssigen Brennstoffen. Erwähnenswert sind auch Bereiche für die Gasförderung, Holzbearbeitung sowie Biogasanlagen.

Die Auswertung der Messungen und die grafische Darstellung der Gaskonzentration erfolgen durch einen Einplatinencomputer. Ziel ist eine konstante Überwachung der Umgebungsluft durch permanente Messungen von Gaskonzentrationen, um bereits geringe Mengen von Gas, in Verbindung eines Mess- Warnsystems mitzuteilen.

Inhalt:

- Ausarbeiten eines Gesamtkonzepts.

- Konzeptentwicklung und Entwurf einer Gasmesseinheit

- Aufbau der Gasmesszelle

- Planung elektronischer Einheiten

- Kalibrieren der Gasmesszelle

- Komplettieren der unterschiedlichen Komponenten

- Programmieren

- Dokumentation

Absorbtionsspektroskopie

Die physikalische Grundlage des Messgerätes ist die Absorbtionsspektroskopie von Gasen. Bei diesen Verfahren werden mithilfe eines Frequenzspektrums Gase, Flüssigkeiten oder Festkörper ermittelt. Als physikalische Größe dient die Absorbanz eines Stoffes, der Maßstab ist dabei die Lichtundurchlässigkeit. Dabei wird ein Spektrum erstellt und ausgewertet.

Vereinfacht schwingen Atome mit einer bestimmten Frequenz, bekannt als Resonanzfrequenz des jeweiligen Atoms. Sobald die Lichtfrequenz mit der Resonanzfrequenz des Mediums übereinstimmt, erfolgt eine Absorption. Wird mit einer Lichtquelle eingestrahlt, wobei das Licht gleichmäßig über einen Frequenzbereich verteilt ist, so weist das erzeugte Spektrum des Lichtes dunkle Linien („Lücken"), die sogenannten Absorptionslinien, auf. Als Entdecker dieser Linien gilt Joseph von Fraunhofer und allgemein sind diese Linien auch als Fraungifer'sche Linien bekannt.

Im Idealfall wird bei der Absorptionsspektroskopie ein Laser als Lichtquelle eingesetzt. Laser eignen sich wegen ihrer Eigenschaften, der Abstimmbarkeit in einem gewissen Frequenzbereich und der Schmalbandigkeit des Laserlichts, besonders gut für die Absorptionsspektroskopie. Das heißt, dass der Laser genau auf die Resonanzfrequenz des zu spektroskopierenden Mediums eingestellt werden kann.

Begrenzt werden die Möglichkeiten der Absorptionsspektroskopie durch die Nachweisempfindlichkeit und das Auflösevermögen. Das Auflösungsvermögen gibt an, wie weit zwei Absorptionswellenlängen mindestens auseinanderliegen müssen, damit sie noch als zwei separate Linien erkannt werden. Dies ist besonders wichtig, um die verschiedenen vorhandenen Stoffe im Spektrum zu erkennen. Mit Nachweisempfindlichkeit wird die Mindestmenge an Atomen des gesuchten Stoffes bezeichnet, die in der untersuchten Mischung vorhanden sein muss damit eine Absorption erfolgt.

Die ersten Versuche zu der Belegarbeit wurden noch mit einer LED als Lichtquelle durchgeführt und zu einem späteren Zeitpunkt durch modulierende Breitbandlichtquellen ersetzt. Welche ebenso für die Absorptionsspektroskopie geeignet sind, allerdings den Nachteil aufweisen, bei geringen Gasmengen sich nicht exakt nivellieren zu lassen.

In der Abbildung 1 wird die Absorption im Verhältnis zur Wellenlänge dargestellt. Das Messgerät wird mithilfe von Fotodioden in einem Bereich von 3 bis 4,4 µm Wellenlänge arbeiten.

Anm. der Red.: Diese Abb. wurde aus urheberrechtlichen Gründen entfernt.

Abbildung 1 Absorptionsspektrum

Abbildung 2 beschreibt die Wellenlänge des zu Testzwecken verwendete Erdgas, mit einem Messbereich von 4 bis 4,3 µm.

Anm. der Red.: Diese Abb. wurde aus urheberrechtlichen Gründen entfernt.

Abbildung 2 Absorptionsspektrum von Erdgas (Methan, Ethan, Propan und Kohlendioxid

Für den Aufbau wird eine modulierende IR Fotodiode als Strahlungsquelle eingesetzt. Die Modellierung erfolgt durch ein- und ausschalten der Strahlungsquelle, mit einer Frequenz von f=1-25 Hz. Für den Aufbau werden mindestens zwei Detektoren benötigt. Ein Detektor hat als Eintrittsfenster eine Durchlasskurve im Maximum der Gasabsorption, während der zweite Detektor als Referenz dient. Die Wellenlänge der Referenzmessung liegt bei ≈ 4 µm, da hier keine Absorptionsbanden der Gase vorhanden sind.

Grundaufbau des Messgerätes

Als Grundlage dienen zwei IR-Fotodioden um die Anfangsintensität I_0 und die Intensität nach der Gasmesszelle zu erfassen I_1. Die Spannungswerte der Intensitäten sind ein Maß zur Berechnung der Gaskonzentration. Zum Einlesen der Fotodiodenwerte wird ein Analog- Digitalwandler in Kombination mit einem Diodenverstärker verwendet.

Als Einheit zur Auswertung und Berechnung wird ein Platinenrechner als Rasperry Pi 3 gewählt. Die Auswahl ergab sich aufgrund der geringen Kosten und der Möglichkeit einer modularen Erweiterung. Eine Spannungsversorgung von 12 V / DC Fotodiodenverstärker und 5 V / DC für den Rasperry Pi.

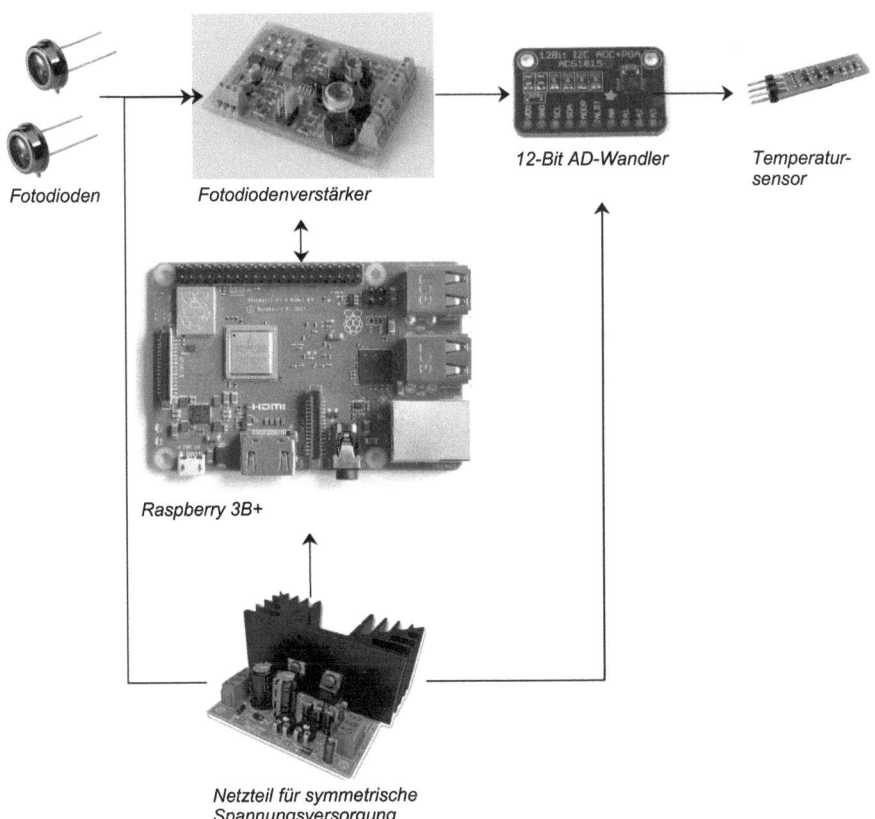

Fotodioden   *Fotodiodenverstärker*   *12-Bit AD-Wandler*   *Temperatur-sensor*

Raspberry 3B+

Netzteil für symmetrische Spannungsversorgung

Grundaufbau der Gasmesszelle

Die Strahlungsabsorption in der Messzelle erfolgt nach dem Lambert-Beer'schen Gesetz:

$$I(c) = I_0 \exp\left(-\alpha(\lambda) \cdot \frac{p_1 T_0}{p_0 T_1} \cdot c \cdot L\right)$$

Die Intensität an dem Mess- Detektor hängt exponentiell mit der Gaskonzentration zusammen. Weiterhin geht die Gasdichte in die Berechnung ein, die durch den Druck p und der Temperatur T charakterisiert wird. [1]

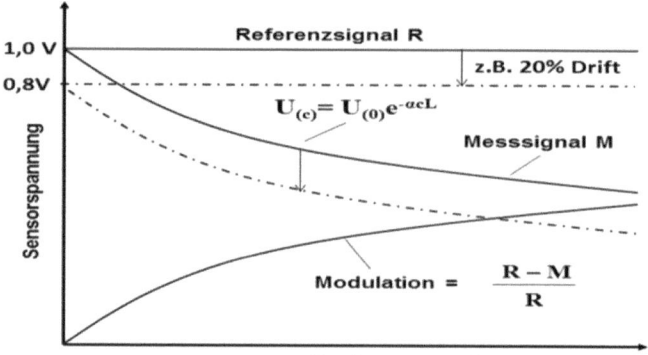

Abbildung 3 Signalverlauf bei verschiedenen Gaskonzentrationen

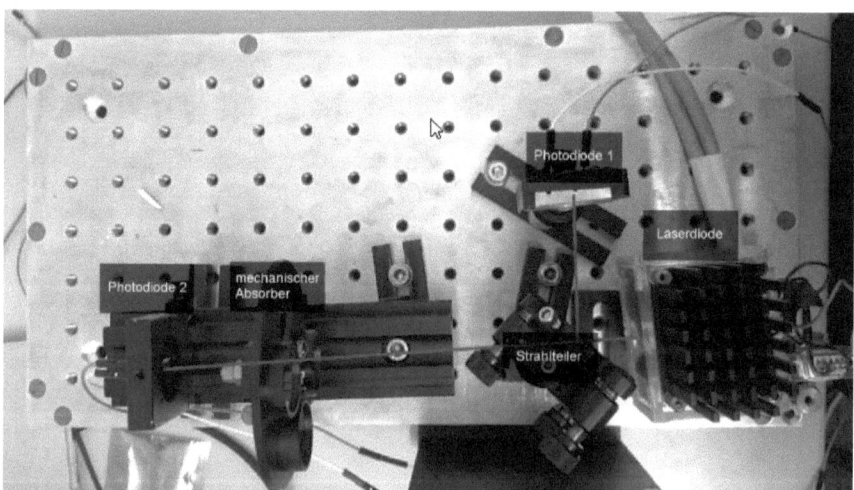

Bild 1 Versuchsaufbau Absorptionsspektroskopie

Gasmesszelle mit Luftzyklussystem

Die Gasmesszelle, welche in dem Messgerät eingebaut wurde, entspricht vom Aufbau her der Form, wie sie im Kapitel „Grundaufbau einer Gasmesszelle" beschrieben ist. Hier wurde allerdings der mechanische Absorber durch ein Luftzyklussystem ersetzt. Das Gas wird mittels einer Pumpe durch das System transportiert.

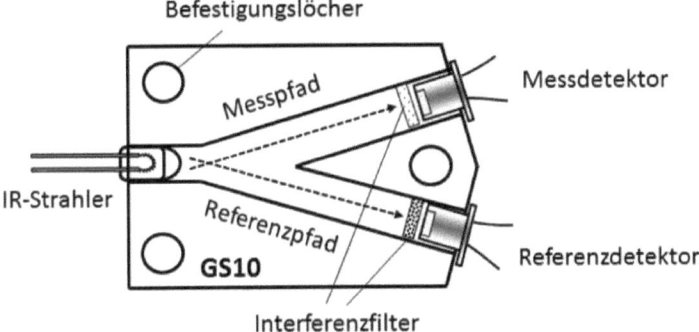

Abbildung 4 Prinzipschema der Gasmesszelle

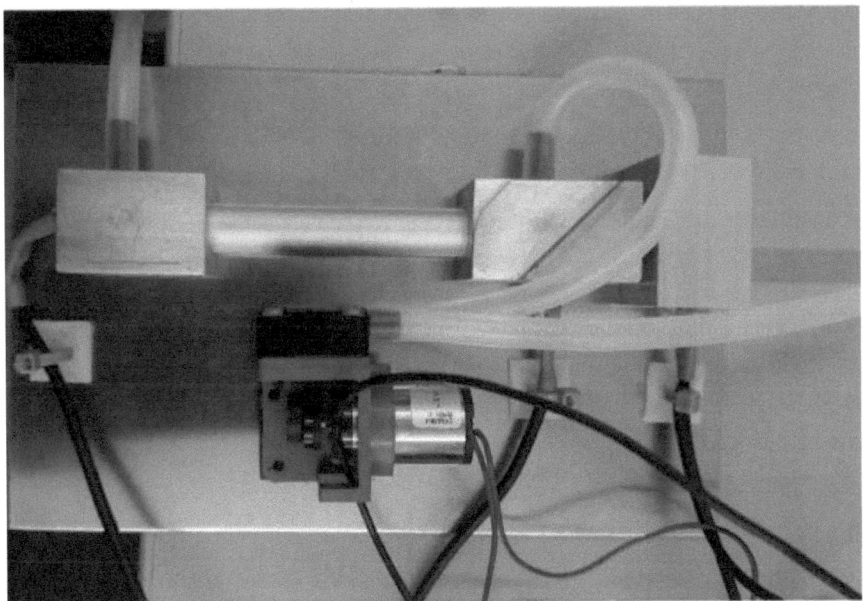

Bild 2 Versuchsaufbau Gasmesszelle mit automatischer Ansaugung

Analog Digital Wandler

Da die Messwerte von den Fotodioden bzw. einem Diodenverstärker als Analogsignal zum Einplatinenrechner geliefert werden, müssen diese mit Hilfe eines Analog-Digitalwandlers gewandelt werden. Ein AD-Wandler wandelt eine am Eingang anliegende Spannung, die zwischen 0 Volt und der Versorgungsspannung (meist 3.3 V) liegt, als digitale Zahl zurück. Je nachdem, wie viel Bit Auflösung ein AD-Wandler hat, sind dies Zahlen zwischen 0 und 255 (8 Bit), 0 und 1023 (10 Bit), 0 und 4095 (12 Bit) und 0 und 65535 (16 Bit). Dementsprechend ist die Feinheit der Messung unterschiedlich. Während z. B. bei 3.3 V 8 Bit Wandler nur mit 12,89 mV Genauigkeit messen, sind dies bei 16 Bit 0,05 mV Genauigkeit, also 258-mal genauer.

Die digitale Zahl des AD-Wandlers muss irgendwie übermittelt werden. Dies geschieht als Byte(s) über einen Bus. Die Wahl fällt hier auf einen ADS1015 12-Bit-Analog/Digital-Umsetzer. Der Wandler verfügt über eine Onboard-Referenz und Oszillator. Die Daten werden über eine I²C-kompatible serielle Schnittstelle übertragen; vier I²C-Slave(Geräte)-Adressen können gewählt werden. Der ADS arbeitet mit einer Versorgungsspannung von 2 V bis 5,5 V. Der ADS1015 kann mit Abtastraten von bis zu 3300 Abtastungen pro Sekunde (S/s) arbeiten. Auf der ADS befindet sich ein Onboard-PGA mit Eingangsbereichen vom Versorgungsniveau bis ±256 mV, sodass große und kleine Signale mit hoher Auflösung messbar sind, zudem verfügt er außerdem über einen Eingangs-Multiplexer (MUX) mit zwei differenziellen oder vier asymmetrischen Eingängen.

Die vier I²C-Leitungen können an die entsprechenden GPIO-Ports an Pin 3 und 5 (BCM2 und 3), sowie GND und der Spannungsversorgung, hier 3,3 V angeschlossen werden.

Der Raspi sorgt automatisch für die nötigen Pullup-Widerstände an den Anschlüssen. Ein sogenannter Bus-Master gibt den Takt und den Betriebsmodus vor und kann bis zu 116 Geräte über ihre Adressen ansprechen. Die Geräte nehmen Daten vom Master entgegen und schicken nach Ausführung eine Antwort zurück, passend zum Kommando. Welches Byte welches Kommando darstellt, ist vom angesprochenen Bauteil abhängig und aus dem zugehörigen Datenblatt ersichtlich. Des Weiteren befinden sich auf dem Modul die 4 Analog-Eingänge A0 bis A3.

Anm. der Red.: Diese Abb. wurde aus urheberrechtlichen Gründen entfernt.

Abbildung 5 Auszug ADS1015 offizieller Schaltplan

Pin 1 bis 4:	AIN0 bis AIN3:	Analog Eingang 0 bis 3
Pin 5:	ALERT:	
Pin 6:	ADDR:	Hardware Slave Adresse
Pin 7:	SDA:	I2C Data
Pin 8:	SCL:	I2C Clock
Pin 9:	GND:	GND
Pin 10:	VDD:	Versorgungsspannung (2,5 − 6V)

Da es sich um ein 12-bit-Wandler handelt, kann dieser ein angelegtes Analog-Signal in 4096 Stufen (2 hoch 12) zurückliefern, je nachdem wie hoch die anliegende Spannung im Bereich 0 V bis 3,3 V (angelegte Versorgungsspannung) ist. Je nach verwendeter Betriebsspannung ist die Höhe eines einzelnen Spannungsschrittes unterschiedlich groß. Da der Wandler mit einer Spannung von 3,3 V betrieben wird, resultiert daraus eine Schrittweite von 805 µV.

$$\Delta U = \frac{3,3 V}{4096} = 805 \mu V$$

Damit lassen sich Spannungen mit einer Genauigkeit von 805 µV erzeugen.

Die Ausgangsspannung definieren

Da der Wandler eine Auflösung von 12 Bit besitzt und die Referenzspannung der Betriebs-spannung entspricht, in diesem Fall also 3,3 V, ergibt sich ein Wert von 805 µV/Bit. Der zu übertragende Spannungswert D berechnet sich nun aus der Zielspannung U Out geteilt durch die Spannung pro Bit ΔU:

$$D = \frac{U_{out}}{\Delta U}$$

Für eine Spannung von 2 V berechnet sich das wie folgt:

$$D = \frac{2\,V}{805\mu V} \approx 2482$$

Da es sich bei dem zu übertragenden Wert um einen Integer, also um eine Ganzzahl han-delt, wird das Ergebnis gerundet. Eine Kontrollrechnung zeigt, dass der Spannungswert 2482 eine tatsächliche Spannung von 1,99 V erzeugt – also nicht ganz 2 V.

U Out = 2482 × 805 µV

Den berechneten Wert wird nun in eine Dualzahl umgewandelt, um ihn für die Übertragung zum Wandler formatieren zu können:

2482 = 1001 1011 0010

Der berechnete Wert muss nun noch für den Wandler formatiert werden. Laut Daten-blatt beinhaltet das 2. Byte, dass übertragen wird, die acht höchsten Bits des Spannungs-wertes. Für das 2. Byte ergibt sich damit der folgende Wert:

1001 1011 2 = 0x9 B

Die letzten vier Bytes des Spannungswertes werden um vier Stellen nach links geschoben, da sie die Bits 7 bis 4 besetzen müssen. Solch ein Bitshift wird in den meisten Program-miersprachen durch einen Doppelpfeil in die jeweilige Richtung dargestellt, in diesem Fall also als <<. Damit ergibt sich der folgende Wert:

0000 0010 << 4

0010 0000 = 0x20

Die drei zu übertragenden Bytes für eine Ausgangsspannung von 2 V lauten also 0x40, 0x9B und 0x20.

Kalibrierung des Messgerätes

Die Kalibrierung basiert auf der Umstellung des Lambert Beerschen Gesetzes und unter der Annahme das eine Konstante I_{01} und I_{02} hinzugefügt wird, um Messfehler zu reduzieren.

I_{01} und I_{02} sind der Offset der Fotodioden bei Dunkelheit.

I_0 ist ein Festwert, da diese Fotodiode nicht im Luftzyklussystem integriert ist, sondern durch den Strahlteiler immer das direkte Licht erhält.

$$C = \frac{\lg\left(\frac{I_0 - I_{02}}{I - I_{02}}\right) - B}{A}$$

A und B sind bekannte Konstanten.

B wird durch das Umstellen der Formel bestimmt, unter der Voraussetzung das die Extinktion C = 0 ist. Im Betrieb wird die Variable B durch den Ausdruck $\lg\left(\frac{I_0 - I_{01}}{I - I_{02}}\right)$ bestimmt, dabei ist das Messergebnis immer 0, wenn sich kein Gas in der Messzelle befindet.

$$C * A + B = \lg\left(\frac{I_0 - I_{02}}{I - I_{02}}\right) \quad \rightarrow \quad 0 * A + B = \lg\left(\frac{I_0 - I_{02}}{I - I_{02}}\right) \quad \rightarrow \quad B = \lg\left(\frac{I_0 - I_{02}}{I - I_{02}}\right)$$

Wenn die Variable $C \geq = 0$ ist, z.B. C=20% wird nach A umgestellt. Das Ergebnis ergibt dann eine Konstante A. Die Konstante beschreibt das zu detektierende Gasgemisch, welches auch im sensitiven Bereich der Fotodioden liegt.

I_0 ist der Messwert, der bei der aktiven Messung von Gas an der ersten Fotodiode gemessen wird.

I entspricht dem Messwert, nachdem das Licht, dass zu detektierende Gas passiert hat.

Die Messwerte beziehen sich alle auf Spannungswerte, die nach dem Fotodiodenverstärker entstanden sind.

Fotodiodenverstärker

Fotodiodenverstärker, oder auch Transimpedanzwandler genannt, sind Operationsverstärkerschaltungen, welche den Fotodiodenstrom in eine differenzielle Spannung, wandelt. Diese Operationsverstärkerschaltungen sind meist rückgekoppelt, d.h. dass eine leitende Verbindung zwischen Eingang und Ausgang des Operationsverstärkers besteht. Es wird ein solcher Transimpedanzwandler benutzt, da er aufgrund seiner Linearität von Strom zur Spannung einen fast unverfälschten Wert ausgeben kann. Die bestehenden Differenzen sind für das Messgerät vernachlässigbar. Der gekennzeichnete Bereich in der Abbildung 6 zeigt den Grundaufbau eines Operationsverstärkers mit einer Rückkopplung. [2]

Anm. der Red.: Diese Abb. wurde aus urheberrechtlichen Gründen entfernt.

Abbildung 6 Grundaufbau des eingesetzten Fotodiodenverstärkers

Der gewählte Fotodiodenverstärker enthält zwei unabhängige Verstärkerkanäle mit einstellbarer Verstärkung. Mithilfe von Steckbrücken kann man den Verstärkertyp (Spannungs- oder Transimpedanzverstärker) wählen.

Die Karte bietet eine Stromverstärkung im Bereich 105 V/A.. .107 V/A und eine Spannungsverstärkung von 2...1000 V/V in einstufiger Konfiguration. Durch zwei Stufen kann man bei sorgfältiger Einstellung der Offsets Verstärkungen von 1010 V/A bzw. 105 V/V erreichen. Der maximal nutzbare Ausgangsspannungsbereich beträgt 4 V.

Die Fotodioden werden direkt in Sockel eingesteckt. Die Ausgangsspannungen sind an den Schraubklemmen verfügbar.

Spannungsversorgung

Nachfolgende Bauteile sind mit den beschriebenen Spannungen zu versorgen:

Spannungsebene	Bauteile
5 V DC	Einplatinenrechner, Lichtquelle, Display
+12 V DC	Diodenverstärker, Ansaugpumpe der Umgebungsluft
-12 V/DC	Diodenverstärker
3,3 V/DC	AD-Wandler, DA-Wandler, RT Clock, PhotoMOS

Für die Spannungsversorgung des Platinenrechners wird im ersten Schritt ein Trafo mit
einer Betriebsspannung 230 V/AC prim. und 22 V/DC sec. dimensioniert. Schematische
Darstellung des Netzgerätes und Bezeichnung die einzelnen Schaltungsteile:

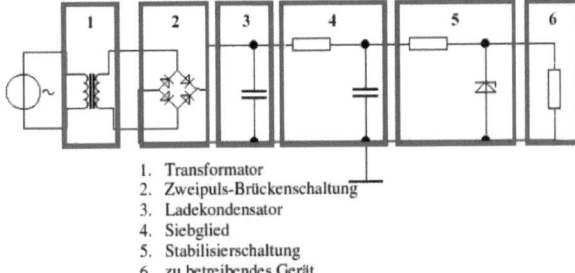

1. Transformator
2. Zweipuls-Brückenschaltung
3. Ladekondensator
4. Siebglied
5. Stabilisierschaltung
6. zu betreibendes Gerät

1 - Transformator:

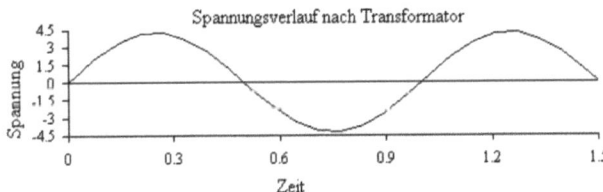

In dem Liniendiagramm kann man erkennen, dass der Transformator aus einer an der Pri-
märwicklung angelegten sinusförmigen Spannung wieder eine sinusförmige Spannung
transformiert. Diese Spannung kann dann an der Sekundärseite abgegriffen werden.

2 - Zweipuls-Brückenschaltung

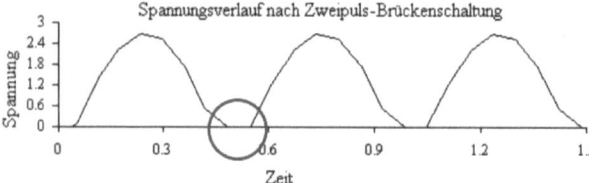

Im Allgemeinen haben Gleichrichterschaltungen die Aufgabe, Wechselspannungen in Gleichspannungen umzurichten.

Bei der Zweipuls-Brückenschaltung sind bedingt durch die sinusförmige Wechselspannung, die der Transformator liefert, abwechselnd immer zwei Dioden in Durchlassrichtung und zwei Dioden in Sperrrichtung geschaltet. In der Kennlinie wird deutlich, dass während der Gleichrichtung die negative Sinushalbwelle in den positiven Bereich geklappt wird. Auffällig hierbei ist jedoch die Lücke, die zwischen den Halbwellen entstanden ist (roter Kreis). Diese Lücke lässt sich dadurch erklären, dass die Dioden selbst eine gewisse Spannung benötigen, ehe sie durchschalten. Diese Spannung steht dann für den Rest der Schaltung nicht mehr zur Verfügung.

3 - Ladekondensator

Während der Zeit, in der die Spannung nach der Zweipuls-Brückenschaltung ansteigt, lädt der Kondensator sich auf. Zwischen den Halbwellen überbrückt der Kondensator die Spannungslücken, indem er sich entlädt. Die Differenz zwischen dem höchsten und dem niedrigsten Spannungswert wird Brummspannung genannt.

Je größer man die Kapazität des Kondensators wählt, desto kleiner wird die Brummspannung. Hierbei ist zu beachten, dass man die Kapazität nicht beliebig hoch wählen kann, da sonst der hohe Ladestrom die Gleichrichterdioden zerstört.

4 - Siebglied

Das Siebglied, das aus Widerstand und Kondensator besteht, hat die Aufgabe, die durch den Ladekondensator entstandene Brummspannung möglichst stark zu glätten. Hierbei ist die Funktionsweise ähnlich der des Ladekondensators: je größer die Kapazität, desto kleiner die Brummspannung. Dies wird durch den Vergleich der Kennlinie des Ladekondensators mit der Kennlinie des Siebgliedes deutlich erkennbar.

5 - Stabilisierungsschaltung

Der Stabilisierteil hat die Aufgabe, Laständerungen und Eingangsspannungsschwankungen zu stabilisieren. Hierbei wirkt die Z-Diode als Filter. Sie sperrt bis zu einer gewissen Spannung; sobald diese Spannung überschritten wird, schaltet sie durch und hält die Spannung an der dahinter parallel geschalteten Last konstant. Dies lässt sich an der fast waagerechten Kennlinie erkennen.

2 Dimensionierung

2.1 Dimensionierung des Ladekondensators

Anordnung des Ladkondensators in der Schaltung:

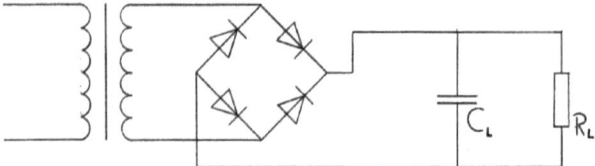

Die pulsierende Gleichspannung, die uns an der Ausgangsseite des Gleichrichters gelie-fert wird (U_{GL}) (siehe Grafik 1) soll von einem Ladekondensator (C_L) geglättet werden. Zu diesem Zweck wird der Ladekondensator zum Lastwiderstand (R_L) parallel geschaltet.

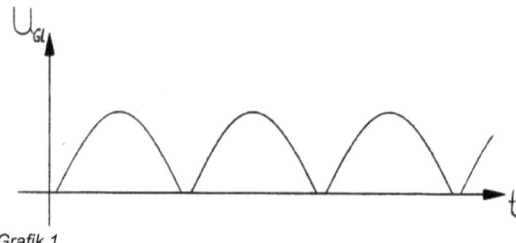

Grafik 1

Je nach Dimensionierung der Bauteile erhält man nun erneut eine pulsierende Gleichspan-nung, die jedoch wesentlich geringere Spannungsschwankungen aufweist. Die am Lade-kondensator und am Lastwiderstand abfallende Spannung (U_{RL}) besteht aus einem Gleichspannungsanteil und der Brummspannung (U_{BR}) (siehe Grafik 2). [3]

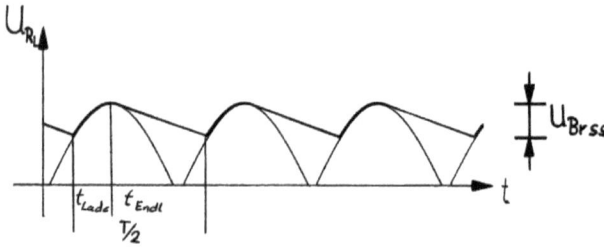

Grafik 2

Während des Impulses wird der Kondensator in einer gewissen Zeit (Ladezeit / t_{Lade}) aufgeladen. Der Ladekondensator gibt seine Energie bei kleinerer Spannung vom Gleichrichter (U_{GL}) bis zum erneuten Aufladen wieder ab (Entladezeit / t_{Endl}). Der Lade- und Entladevorgang dauert eine halbe Periodendauer ($t_{Lade} + t_{Endl} = T/2$).

Um die erforderliche Größe des Ladekondensators zu berechnen, müssen im Vorfeld einige Überlegungen angestellt werden. So ist zum Beispiel bei Versuchen zu erkennen gewesen, dass sich bei kleinerem Lastwiderstand, also höherer Belastung der Schaltung der Brummspannungsanteil vergrößert hat: $U_{Br} \sim I_{st}$. Der Strom, der über den Verbraucher (Lastwiderstand) fließt heißt I_{st}. Des Weiteren kann beobachtet werden, dass sich der Brummspannungsanteil bei einem größer gewählten Ladekondensator verkleinert:

$$U_{Br} \cong \frac{1}{C_L}$$

Aus diesen Erkenntnissen lässt sich eine Formel herleiten, die der Berechnung des Brummspannungsanteils dient: $U_{BrSS} = K * \frac{I_{Last}}{C_L}$. Das Formelzeichen „K" steht für eine Konstante, die in der Praxis festgelegt wurde. Sie legt die Zeitverhältnisse des Lade- und des Entladevorgangs fest. Die Entladezeit soll ca. ¾ von $T/2$ betragen. Die Formel lässt sich nach C_L umstellen und lautet dann: $C_L = \frac{K * I_{Last}}{U_{BrSS}}$

Da das Laden und Entladen des Kondensators in einer Periode (z.B.: f = 50 Hz) 2-mal geschieht (deshalb $T/2$ in der Berechnungsformel), ist der Frequenz für ausschließlich einen Lade- Entladevorgang 100 Hz. Man nennt diese Frequenz Pulsfrequenz (f_p). Das oben eingesetzte Verhältnis Entladezeit zu einem Puls $T/2$ wird nun durch eine Dezimalzahl ersetzt (¾ zu 0,75). Die vereinfachte Formel zur Berechnung von C_L lautet:

$$C_L = \frac{I_{Last} * 0.75}{f_p * U_{BrSS}} = \frac{I_{Last} * 0,75}{100Hz * U_{BrSS}}$$

oder:

$$C_L = 0,0075 * \frac{I_{Last}}{U_{BrSS}}$$

Mithilfe dieser Formel kann der Ladekondensator C_L nun berechnet werden.

$I_{Last} = 87\,mA$

Quellen: [4]; [5]; [6]; [7]

$$U_{SSBr} = \frac{1}{100} \, von \, U_e = \frac{1}{100} * 12\,V = 0,12\,V \Rightarrow U_{SSBr} = 30 * 0,12\,V = 3,6\,V$$

$$C_L = 0,0075 * \frac{I_{Last}}{U_{SSBr}} = \frac{87\,mA}{3,6\,V} = 181,25\mu F$$

Sekundärspannung am Transformator:

$$U_e'' = 30\,V ; U_{Sch}$$

$$U_{sekeff} = \frac{U_e''}{\sqrt{2}} = \frac{30\,V}{\sqrt{2}} = 21,21\,V$$

Berechnung der Scheinleistung:

$$U_{sekeff} = 21,21\,V ; I_{Last} = 87\,mA$$

$$S = U_{sekeff} * I_{Last} = 21,21 * 87\,mA = 1,85\,VA$$

2.2 Dimensionierung des Siebgliedes

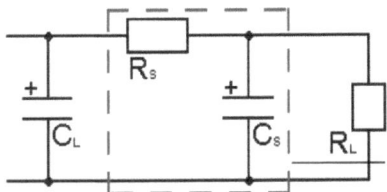

Der Spannungsteiler teilt die Spannung auf die einzelnen Widerstände auf. Dabei fällt an dem größeren Widerstand mehr Spannung als an dem kleineren Widerstand ab.

$$U_2 = \frac{U_1 * R_1}{R_1 * R_2}$$

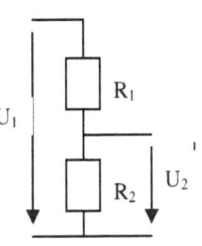

Ersetzt man nun den Widerstand R_2 mit einem Kondensator C ergibt sich die Formel:

$$U_2 = \frac{U_1 * X_C}{R_1 + X_C} = \frac{U_1 * \frac{1}{\omega * C}}{R_1 + \frac{1}{\omega * C}}$$

Aus der Formel lässt sich erkennen, dass der Spannungsteiler mit einem Kondensator frequenzabhängig ist. Wenn die Frequenz steigt, wird der Blindwiderstand X_C kleiner, bei sinkender Frequenz wird der Blindwiderstand X_C größer. Dementsprechend ändert sich auch der Spannungsabfall an den Widerständen R1 und X_C. Bei einer reinen Gleichspannung haben frequenzabhängige Widerstände, aber keine großen Auswirkungen, da sie nach der Ladezeit ihren Widerstandswert beibehalten. Es handelt sich aber hier um eine pulsierende Gleichspannung (Brummspannung). Somit wirkt die Brummspannung auf den Widerstandswert vom Kondensator C, und auf die Spannungsänderung am Ausgang.

Das Siebglied soll die Brummspannung weiter verringern und somit erreichen, das die pulsierende Gleichspannung noch weiter um den Siebfaktor geglättet wird. Der Siebfaktor S ist das Verhältnis zwischen der Ein- und Ausgangsspannung.

Siebfaktor: $S = \dfrac{U_{Br1ss}}{U_{Br2SS}}$

Es ist zu erkennen, dass der Siebfaktor der Kehrwert des Spannungsteilers ist. Der Ausgangs-spannung U_{br2ss} entspricht dem Blindwiderstand X_{Cs} - $U_{BR2SS} \sim X_{CS}$

Die Eingangsspannung U_{Br1SS} entspricht dem Scheinwiderstand Z - $U_{BR1SS} \sim Z$

$$Z = \sqrt{R_S{}^2 + X_{CS}{}^2}$$

Man kann die Widerstände Z und X_{CS} ins Verhältnis einsetzen, um den Siebfaktor errechnnen zu können.

$$S = \frac{U_{Br1SS}}{U_{Br2SS}} = \frac{Z}{X_{CS}} = \frac{\sqrt{R_S{}^2 + X_{CS}}}{X_{CS}{}^2} = \sqrt{1 + \frac{R_S{}^2}{X_{CS}{}^2}}$$

Wenn gilt: $\dfrac{R_S{}^2}{X_{CS}{}^2} \gg 1$

$$S \approx \frac{R_S}{X_{CS}} = \frac{R_S}{\dfrac{1}{\omega * C_S}} = \omega * R_S * C_S$$

Es ist zu erkennen, dass das Siebglied ein frequenzabhängiger Spannungsteiler ist.

$$S = \frac{U_{Br1SS}}{U_{Br2SS}} \approx \omega * R_S * C_S$$

$$C_S = \frac{S}{\omega * R_S} = \frac{30}{2 * \pi * 50Hz * 150\Omega} = 636{,}62\mu F$$

3 Symmetrische Spannungsversorgung

In der Vorbetrachtung zur Dimensionierung einer sekundären Spannungsversorgung mit einem Netztrafo von 230 V/AC auf 22 V/DC diente dem Zweck der Baugruppenversorgung der Gasmesseinheit, hat sich aber im Ergebnis als unzureichend herausgestellt. Da hier unterschiedliche Spannungsebenen an den Baugruppen zu versorgen sind.

Daher wird im Weiteren eine für den Zweck plus-minus-symmetrische Spannungsversorgung näher beschrieben. Somit beschreibt die vorherige Abhandlung grundsätzlich eine Methode für die Dimensionierung eines Netzteils und kann als Abhandlung in der Arbeit bestehen bleiben.

Die Stromversorgungsbaugruppe liefert in einem sehr weiten Bereich von 1,2 bis 24 V getrennt einstellbare positive und negative Ausgangsspannung mit einem maximalen Strom je Zweig von 1 A (mit Kühlung). Sie ist für das Gehäuse des Gasmessgerätes kompakt gewählt. Die Einspeisung erfolgt durch einen dimensionierten Netztransformator mit Wechsel- ggf. Gleichspannungsausgang, z.B. zwei 12 V-Akkus.

Die Schaltung ist in Abbildung 7 zu sehen. Sie entspricht im Wesentlichen der Standard-Applikation des Schaltkreisherstellers STMicroelectronics. An den Schraubklemmen SK1 und SK2 werden zwei Gleichspannungen zwischen 9 und 30 V oder eine Wechselspannung zwischen 9 und 22 V eingespeist. Der dem folgendem Brückengleichrichter (D1-D4) erzeugt aus der anliegenden Wechselspannung eine Gleichspannung mit der überschlägigen Beziehung:

$$U_{DC} = U_{AC} \times 1{,}41$$

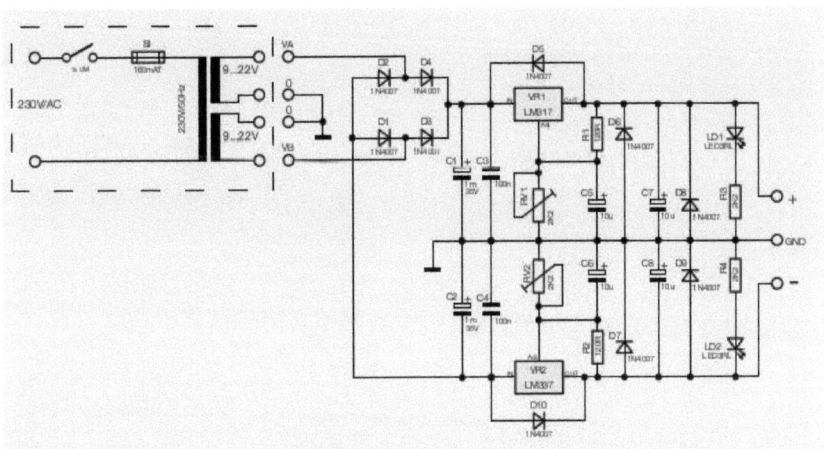

Abbildung 8 Schaltung der Dual-Stromversorgung für das Gasmessgerät

So ergibt sich bei max. 22 V Eingangs-Wechselspannung ca. 31 V/DC und liegt damit auf der sicheren Seite bzgl. der maximalen Spannungsbelastbarkeit der Spannungsregler sowie der Sieb-Elkos.

Bauteil	Funktion
LM317	Positiv-Regler der Ausgangs-spannungen
KM337	Negativ-Regler der Ausgangs-spannungen
C1 und C2	Glätten der Restwelligkeit
C3 und C4	unterdrücken von Schwingung so-wie HF-Störunterdrückung
R1 und R2	interne Referenzspannung von 1,25 V (gleichzeitig die niedrigste einstellbare Ausgangsspannung)
RV1/RV2	Trimmpotis zum Einstellen der Ausgangsspannung
C5/C8	Tiefpassfilter zum unterdrücken hochfrequenter Störungen
R1/R2 und RV1/RV2	vorgeschrieben Minimalbelastung der Spannungsregler
C7 und C8	stabilisieren das Regelverhal-ten der Spannungsregler
D5 und D10	Kurzschlussschutz für die Reg-ler
LD1/LD2 einschl. Vorw. R3 und R4	Anzeige vorhandener Ausgangs-spannung.
SK3	Anschluss erzeugter Ausgangs-spannung

Die Spannungsregler sind für eine maximale Ausgangsstrombelastung von 2,2 A dimen-sioniert (der Hersteller garantiert 1,5 A). Jedoch reichen für die Versorgung der Bauteile <1 A aus. Dies entsprechen bei voller Last etwa 20 W Verlustleistung. Was laut Datenblatt eine zusätzliche Kühlung erfordert.

Bild 4 fertig bestückte Netzteil-Baugruppe   *Bild 3 Netzteil-Baugruppe mit Kühlkörper*

I²C-Bus

Der I²C-Bus ist eine Schnittstelle welche es erlaubt zusätzliche Platinen, hier Fotodioden-verstärker sowie Wandler, mit dem Raspberry zu verbinden. Bei dem Inter-Integrated Circuit (I2C) handelt es sich um einen seriellen Datenbus.

Der I2C-Bus verwendet zwei Leitungen zur Datenübertragung:

-         Eine Datenleitung (SDA)

-         Eine Taktleitung (SCL)

-         Masse

Pro Taktimpuls auf der SCL-Leitung wird 1 Bit an Daten auf der SDA-Leitung gesendet. Der Takt wird dabei immer vom Master erzeugt, und die Daten werden entweder vom Master zum Slave (Write) oder vom Slave zum Master (Read) gesendet.

Der I²C-Standard sieht vor, dass die Pins für SDA und SCL mit einem Open-Collector-Ausgang ausgestattet sind. Der Open-Collector-Ausgang kann keine Spannung ausgeben, daher wird der Bus über Pull-up-Widerstände mit einer definierten Spannung von 3,3 V gelegt. Wenn der Transistor durchschaltet, wird die Leitung mit Masse verbunden, ist der Transistor nicht geschaltet, führt die Leitung einen High-Pegel.

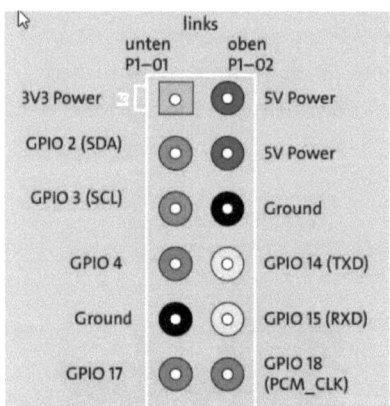

Abbildung 9 Beschaltung Raspberry Pi für Spannungsversorgung und Datenleitung

Die SDA- und SCL -Leitungen liegen auf dem GPIO 2 und 3 (hellblau). Diese GPIO-Pins müssen am Raspberry Pi angeschlossen werden.

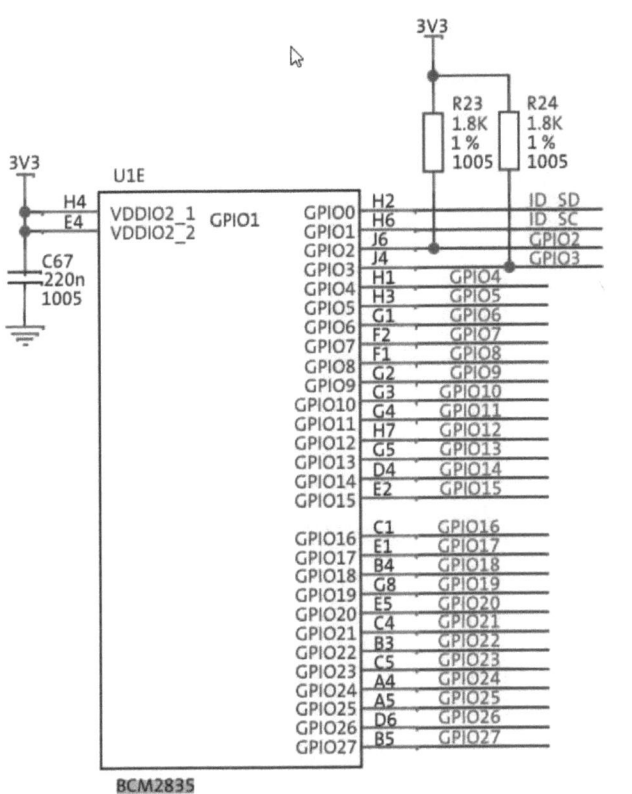

Abbildung 10 Auszug aus dem offiziellen Schaltplan

Anhand des Schaltplans lässt sich erkennen, dass die GPIO-Pins 2 und 3 bereits 1,8 kΩ Widerstände an 3,3 V angeschlossen sind. Diese Widerstände dienen als Pull-Up-Widerstände für den I²C Bus.

Bauteile

Gasmesseinheit			
Betriebsmittel-kennung	Bezeichnung	Hersteller	Typ
-T1.0	Netzteil 230V/AC		
-T1.1	Netzteil-Bau-gruppe 9 bis 30V/DC		
-L1.1 bis -L1.9	Ferritkern	Fair-Rite	2671001112
-C1.1 bis -C1.2	Entstörkonden-sator	WIMA	FKP 02
-A2.1	Raspberry 3B+	Element 14	
-P3.1	LCD Display	Facilla	W4eKfEexl*1
-T4.1	A/D Wandler	Adafruit	ADS1115
-T4.2	Diodenverstär-ker	Roithner Laser-technik	Multiboard
-T4.3	D/A Wandler	Adafruit	MCP4725
-D4.1	Diode I0	LED Microsensor NT	PD43-03-PR
-D4.2	Diode I1	LED Microsensor	PD43-03-PR
-K5.1	Realtime-Clock	maxium integra-ted	DS3231
-S6.1	Taster Messung	Apem	AV091003C910
-S6.2	Taster Aus	Apem	AV091003C910
-R6.1	Widerstand	Yageo	CFR-12
-R6.2	Widerstand	Yageo	CFR-12
-K7.1 bis -K7.2	PhotoMOS	Panasonic	AQV252GJ
-M7.1	Vacuumpumpe	Thomas	2315205
-H7.1	Halogen	Paulmann	83105

Netzteil-Baugruppe			
Betriebsmittel-kennung	Bezeichnung	Hersteller	Typ
-VR1	Spannungsregler		LM317 T
-VR2	Spannungsregler		LM337
-LD1 bis -LD2	LED, rot 3mm		
-D1 bis -D10	Diode		1N4007
-C5 bis -C8	Kondenstor	Elko	10 μF/35V
-C1 bis -C2	Kondensator	Elko	1000 μF/35V
-C3 bis C4	Kondensator		100 nF
-R1 bis -R2	Widerstand		120 Ω
-R3 bis -R4	Widerstand		2,2 kΩ
-RV1 bis -RV2	Einstellwider-stand		2,2 kΩ
-SK1 bis SK2	Schraubklemme 2-polig		5 mm
-SK3	Schraubklemme 3-polig		5 mm

Programmablaufplan

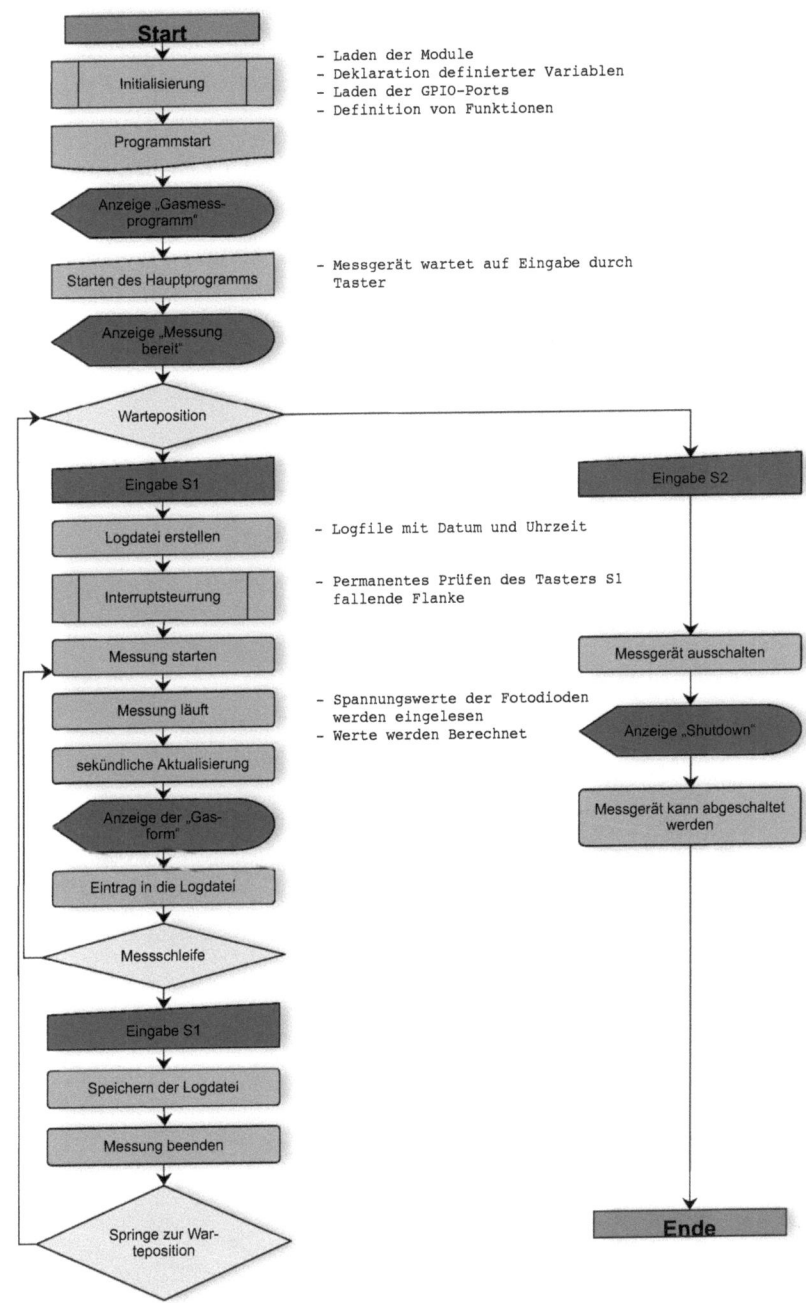

Hardware und Programm

Zur Programmierung des Messgerätes wurde die Programmiersprache Python 2.7.18rc1 gewählt. Für die Bauteile, die am Raspberry Pi für das Messgerät über die I2C Schnittstelle und GPIO Ports angeschlossen sind, sind die Module und Funktionen in Python 2 geschrieben worden.

Das Programm beginnt, nachdem der Raspi hochgefahren ist, mit der Initialisierung und dem Laden der benötigten Module.

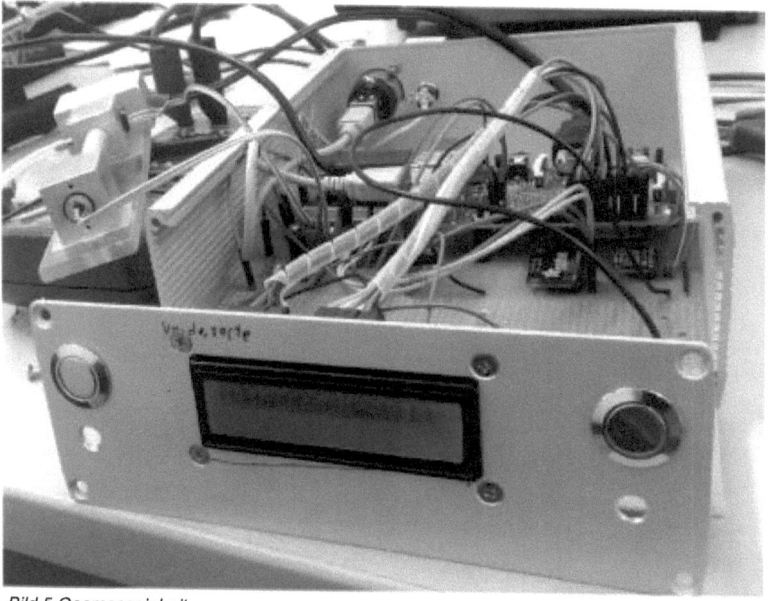

Bild 5 Gasmesseinheit

Abbildungsverzeichnis

Anlage Programm

Das Programm beginnt, nachdem das Raspberry Pi hochgefahren wurde, mit der

Initialisierung beziehungsweise dem Laden der benötigten Module aus dem internen

Speicher.

```
#!/usr/bin/python

#
#_____
#    Importieren und Laden der Module
#       aus dem internen Speicher
#_____

import os                               # Laden des Os-Modules fuer Systemfunktionen
import math                             # Laden des math-Modules fuer Mathematische Funktionen
import time                             # Laden des time-Modules fuer Zeitfunktionen und Operationen
import RPi.GPIO as GPIO                 # Laden der GPIO Ports als GPIO Variable
import numpy as np                      # Laden des numpy-Modules als np Variable fuer Arrayfunktionen
from Adafruit_ADS1x15 import ADS1x15    # Laden des ADS1x15 Scriptes fuer die DA-Wandler Funktionen

time.sleep(1)                           # 1 Sekunde warten
```

Programmteil 1

Danach werden alle verwendeten Variablen aufgeführt und einem bestimmten Wert

zugeordnet.

```
#_____
#
#       Initialisierung (Variablen Deklaration)
#    (In Python muessen keine Datentypen festgelegt werden)
#_____

mess_A = 1                  # Die Konstante A aus der Formel
mess_B = 0                  # Die Konstante B aus der Formel
mess_IO1 = 0.579           # Die Konstante I82 aus der Formel
mess_IO2 = 0.289           # Die Konstante I82 aus der Formel
mess_pumpe = 26            # Variable fuer den GPIO Port der Pumpensteuerung
mess_lampe = 25            # Variable fuer den GPIO Port der ansteuerung des Breitbandstrahlers
mess_start = 0             # Variable fuer den Start der Messung
mess_array = 0             # Variable fuer den Array-Log der Messwerte
mess_vstack = 0            # Variable zum erweitern des Arrays
mess_anzahl = 10           # Variable fuer die Anzahl der Messungen fuer die Berechnung des Mittelwertes an
mess_vdiff1 = 0            # Variable fuer die Messung 1
mess_vdiff2 = 0            # Variable fuer die Messung 2
mess_formel = 0            # Variable fuer die Berechnung des CO2 Anteils
mess_anteil = 0            # Variable fuer den CO2 Anteil
LCD_anteil = ""            # Variable fuer die Anzeige des CO2 Anteils
LCD_msg1 = ""             # Variable fuer den Text der ersten Zeile des LCD
LCD_msg2 = ""             # Variable fuer den Text der zweiten Zeile des LCD
LCD_msg = ""             # Variable fuer den Text des LCD

zeit_lt = time.localtime()                               # Variable fuer die Aktuellisierung der Uhrzeit + Datum
zeit_ct = time.strftime("%d.%B.%Y_%Hh_%Mm_%Ss", zeit_lt)  # Variable fuer die Formatierung der Uhrzeit + Datum
zeit_logfile = "/home/pi/Messungen/Datenlog_%s" % zeit_ct  # Variable fuer die erstellte Datenlogdatei


#================================================
# Die Variable fuer die I2C Adresse wird gesetzt
#================================================

ADS1115 = 0x01            # Initialise the ADC using the default mode 16-bit (use default I2C address)
adc = ADS1x15(ic=ADS1115) # Set this to ADS1015 or ADS1115 depending on the ADC you are using!
```

Programmteil 2

Anlage Programm

Des Weiteren folgt die Einstellung und Zuordnung der GPIO Ports und

```
82 #=================================================
83 # GPIO Einstellungen initialisieren
84 #=================================================
85
86 GPIO.setmode(GPIO.BCM)              # Die Raspberry Pi Pins werden ueber die Broadcom GPIO Nummern angesteuert
87 GPIO.setwarnings(False)             # Warnungen werden ausgeschaltet
88 GPIO.setup(LCD_E, GPIO.OUT)         # Deklariert den Port LCD_E als Ausgang
89 GPIO.setup(LCD_RS, GPIO.OUT)        # Deklariert den Port LCD_RS als Ausgang
90 GPIO.setup(LCD_DATA4, GPIO.OUT)     # Deklariert den Port LCD_DATA4 als Ausgang
91 GPIO.setup(LCD_DATA5, GPIO.OUT)     # Deklariert den Port LCD_DATA5 als Ausgang
92 GPIO.setup(LCD_DATA6, GPIO.OUT)     # Deklariert den Port LCD_DATA6 als Ausgang
93 GPIO.setup(LCD_DATA7, GPIO.OUT)     # Deklariert den Port LCD_DATA7 als Ausgang
94 GPIO.setup(21, GPIO.IN, pull_up_down = GPIO.PUD_DOWN)  # Deklariert den Port 21 als Eingang Active = Low
95 GPIO.setup(20, GPIO.IN, pull_up_down = GPIO.PUD_DOWN)  # Deklariert den Port 22 als Eingang Active = Low
96 GPIO.setup(mess_pumpe, GPIO.OUT)    # Deklariert den Port mess_pumpe als Ausgang
97 GPIO.setup(mess_lampe, GPIO.OUT)    # Deklariert den Port mess_lampe als Ausgang
98 GPIO.output(mess_pumpe, GPIO.LOW)
99 GPIO.output(mess_lampe, GPIO.LOW)
```

Programmteil 3

die Definition der benötigten Funktionen.

```
def display_init():                      # Display initialisieren und loeschen im Register-Select Modus off
    lcd_send_byte(0x33, LCD_CMD)         # Setzt die Funktionen 8-Bit Modus zweimal (3,3)
    lcd_send_byte(0x32, LCD_CMD)         # Setzt die Funktionen 8-Bit Modus, 4-Bit Modus (3,2)
    lcd_send_byte(0x28, LCD_CMD)         # Setzt die Funktion 4-Bit Modus, zwei Reihen, 5x7 Characters
    lcd_send_byte(0x0C, LCD_CMD)         # Schaltet das Display an, cursor underline off, cursor blink off
    lcd_send_byte(0x06, LCD_CMD)         # Setzt die Funktion Display/Cursor shift off und den Entry Mode A
    lcd_send_byte(0x01, LCD_CMD)         # Loescht das Display


def lcd_message(LCD_msg):                # Den anzuzeigenden Text den Bits zuordnen:
    LCD_msg = LCD_msg.ljust(LCD_WIDTH," ")  # Der Text wird von links nach rechts verarbeitet die Breite des LC
    for i in range(LCD_WIDTH):           # Fuer jedes Zeichen des LCD wird die folgende Funktion ausgefuehrt
        lcd_send_byte(ord(LCD_msg[i]),LCD_CHR)  # Wandelt jeden Buchstaben in einen Integer um im Register-Select
```

Programmteil 5

```
#_____
#
#   Programmstart (LCD-Anzeige beginnt)
#_____

if __name__ == '__main__':               # Die Willkommensanzeige wird eingeblendet
    display_init()                       # Display loeschen
    time.sleep(1)                        # 1 Sekunde warten
    LCD_msg1 = "                    "    # Text fuer die erste Zeile des LCD
    LCD_msg2 = "                    "    # Text fuer die zweite Zeile des LCD
    for i in range(len(LCD_msg1)):       # Jeder Buchstabe wird seperat angezeit (Lauftext)
        lcd_send_byte(LCD_LINE_1, LCD_CMD)  # Waehlt die erste Zeile des Display aus
        lcd_message(LCD_msg1[:i+1])      # Sendet die einzelnen Buchsteben des ersten Textes
    for i in range(len(LCD_msg2)):       # Jeder Buchstabe wird seperat angezeit (Lauftext)
        lcd_send_byte(LCD_LINE_2, LCD_CMD)  # Waehlt die zweite Zeile des Display aus
        lcd_message(LCD_msg2[:i+1])      # Sendet die einzelnen Buchsteben des zweiten Textes
    time.sleep(1)                        # 1 Sekunde warten
    lcd_send_byte(LCD_LINE_1, LCD_CMD)   # Waehlt die erste Zeile des Display aus
    lcd_message(" Messung bereit")       # Text der ersten Zeile
    lcd_send_byte(LCD_LINE_2, LCD_CMD)   # Waehlt die zweite Zeile des Display aus
    lcd_message("--------------------")  # Text der zweiten Zeile
```

Programmteil 4

Anzeige für Gasmessprogramm.

Nachdem die Initialisierung durchgelaufen ist beginnt das Hauptprogramm im Leerlauf und es wird auf die Betätigung eines Tasters gewartet.

```
#
#
#   Hauptprogramm mit Interrupt-Funktion
#

while True:                                      # Schleife des Hauptprogramms


    #
    #   Startet die Messroutine

    if GPIO.input(21) == False:                  # Abfrage des Start-Tasters

        if os.path.exists("/media/pi/DE72-37E5"):
            display_init()                       # Display loeschen
            lcd_send_byte(LCD_LINE_1, LCD_CMD)   # Waehlt die erste Zeile des Display aus
            lcd_message(" Messung wird")         # Text der ersten Zeile
            lcd_send_byte(LCD_LINE_2, LCD_CMD)   # Waehlt die zweite Zeile des Display aus
            lcd_message(" vorbereitet")          # Text der zweiten Zeile
            GPIO.output(mess_lampe, GPIO.HIGH)   # Der Breitbandstrahler wird aktiviert
            time.sleep(2)                        # 5 Sekunde warten

            display_init()                       # Display loeschen
            GPIO.output(mess_pumpe, GPIO.HIGH)   # Die Pumpe wird aktiviert
            lcd_send_byte(LCD_LINE_1, LCD_CMD)   # Waehlt die erste Zeile des Display aus
            lcd_message(" Messung aktiv")        # Text der ersten Zeile
            lcd_send_byte(LCD_LINE_2, LCD_CMD)   # Waehlt die zweite Zeile des Display aus
            lcd_message("            ")          # Text der zweiten Zeile
            time.sleep(1)                        # 1 Sekunde warten

            display_init()                       # Display loeschen
            lcd_send_byte(LCD_LINE_1, LCD_CMD)   # Waehlt die erste Zeile des Display aus
            lcd_message("Gaskonzentration")      # Text der ersten Zeile
            file = open(zeit_logfile, "a")       # Erstellt und oeffnet eine Logdatei im "append" Modus (append

            GPIO.add_event_detect(21, GPIO.RISING)  # Setzt eine Interupt-Funktion auf den Start-Taster
            mess_start = 1                       # Variable fuer die Bedingung der Messschleife wird gesetzt
```

Programmteil 6

Wenn ein Taster betätigt wurde, wird eine Logdatei erstellt und die Messroutine läuft in einer Endlosschleife. Dabei werden die Messdaten aufgezeichnet.

```
#
#   Die Messungen beginnen

while mess_start == 1:                                               # Die Messung lauft in einer Endlosschleife
    mess_array = np.array(()).reshape(0,3)
    for i in range(mess_anzahl):                                     # Wiederholung der Messung fuer Mitt
        mess_vdiff1 = adc.readADCDifferential01(2048, 8)/1000.0      # Misst die Differenz zwischen Eingang 0 und 1 im Bereich
                                                                     # +/-4096mv und einer Abtastrate von 250 Samples/s
                                                                     # (Dividieren durch 1000 fuer Umrechnung in V)
        mess_vdiff2 = adc.readADCDifferential23(2048, 8)/1000.0      # Misst die Differenz zwischen Eingang 2 und 3 im Bereich
                                                                     # +/-4096mv und einer Abtastrate von 250 Samples/s
                                                                     # (Dividieren durch 1000 fuer Umrechnung in V)#
        mess_formel = (math.log10((mess_vdiff1-mess_I01)/(mess_vdiff2-mess_I02))-mess_B) # Berechnung der Konzentration
        #mess_formel = (mess_vdiff1-mess_I02)/(mess_vdiff2-mess_I02)-mess_B              # Berechnung der Konzentration
        mess_formel = mess_formel / float(mess_A)                   # Berechnung der Konzentration
        mess_vstack = np.vstack((mess_array, (mess_vdiff1,mess_vdiff2,mess_formel)))  # Erwetet das Array mit jeder Messung
        time.sleep(0.1)                                             # 0.1 Sekunde warten
        print mess_vstack

    mess_anteil = np.mean(mess_vstack[:,2])*100                     # Mittelwertberechnung der Messungen
    print mess_anteil
    zeit_lt = time.localtime()                                      # Einlesen der Aktuellen Uhrzeit/Datum
    zeit_ct = time.strftime("%d.%B.%Y %H.%M:%S", zeit_lt)          # Formatieren der Aktuellen Uhrzeit/Datum
    file.write("Gas Anteil %.6f | %s\n" % (mess_anteil, zeit_ct))   # Schreibt den Mittelwert der Messung in die Logdatei
    LCD_anteil = str(mess_anteil)[0:4]                              # Formatiert den Messwert fuer die Anzeige [0:4]
                                                                    # Gibt die Anzahl der Stellen an
    time.sleep(0.5)                                                 # 0.2 Sekunde warten
    lcd_send_byte(LCD_LINE_2, LCD_CMD)                              # Ueberschreibt die zweite Zeile des LCD mit dem Messwert
    lcd_message(" %s Prozent" % LCD_anteil)                         # Der Anzeigetext des Messwertes
```

Programmteil 7

Wird der Start-Taster erneut betätigt, wird die Messung durch eine Interrupt Routine unterbrochen und die Logdatei auf einen USB-Stick übertragen.

```
#
# Unterbrechung der Messung ueber Interrupt

    if GPIO.event_detected(21):              # Erkennen des Interrupt
        ness_start = 0                       # Deaktivieren der Messung
        GPIO.output(ness_pumpe, GPIO.LOW)    # Die Pumpe wird deaktiviert
        GPIO.output(ness_lampe, GPIO.LOW)    # Der Breitbandstrahler wird deaktiviert
        file.close                           # Logfile schliessen und speichern

        os.system("sudo cp -r -n /home/pi/Messungen /media/pi/DE72-37E5")    # Verschieben der Logdateien auf den Stick
        os.system("rm -r /home/pi/Messungen/*")                              # Loeschen die Protokolle vom internen Speicher

        display_init()                       # Display loeschen
        lcd_send_byte(LCD_LINE_1, LCD_CMD)   # Waehlt die erste Zeile des Display aus
        lcd_message("Messung gestoppt")      # Text der ersten Zeile
        lcd_send_byte(LCD_LINE_2, LCD_CMD)   # Waehlt die zweite Zeile des Display aus
        lcd_message("----------------")      # Text der zweiten Zeile
        GPIO.remove_event_detect(21)         # Loeschen der Interrupt-Funktion
        time.sleep(2)                        # 2 Sekunden warten
        display_init()                       # Display loeschen
        lcd_send_byte(LCD_LINE_1, LCD_CMD)   # Waehlt die erste Zeile des Display aus
        lcd_message(" Messung bereit")       # Text der ersten Zeile
        lcd_send_byte(LCD_LINE_2, LCD_CMD)   # Waehlt die zweite Zeile des Display aus
        lcd_message("----------------")      # Text der zweiten Zeile
        break                                # Spinge in den Leerlauf
```

Programmteil 8

Danach springt das Programm wieder in die Hauptschleife. Wird der Shutdown-Taster betätigt, wird „Herunterfahren" angezeigt, alle GPIO Pins zurückgesetzt und das Raspberry Pi wird nach einer kurzen Zeit heruntergefahren.

```
#
# Herunterfahren des Raspberry Pi

    elif ( GPIO.input(20) == False):         # Wenn der Herunterfahren Taster betaetigt wi
        if __name__ == '__main__':           #
            display_init()                   # Display loeschen
            lcd_send_byte(LCD_LINE_1, LCD_CMD)   # Waehlt die erste Zeile des Display aus
            lcd_message(" Herunterfahren")   # Text der ersten Zeile
            lcd_send_byte(LCD_LINE_2, LCD_CMD)   # Waehlt die zweite Zeile des Display aus
            lcd_message("################")  # Text der zweiten Zeile
            time.sleep(5)                    # 5 Sekunde warten
            display_init()                   # Display loeschen
            GPIO.cleanup()                   #
            os.system("sudo shutdown -h now")   # Umgehendes herunterfahren des Raspberry Pi
```

Programmteil 9

Wenn kein Taster betätigt wird, befindet sich das Programm wieder im Leerlauf.

```
#
# Leerlauf des Hauptprogramms

    else:                                    # Leerlauf
        time.sleep(0.05)                     # 0.05 Sekunde warten (Leerlauf)
        continue                             # Springe zum Anfang des Hauptprogramms
```

Anlage Datenblätter

1. adafruit-4-channel-adc-breakouts

2. Temperatursensor-modul-32-bis-96-c

3. Datenblatt-Fotodiodenverstärker

Anm. der Red.: Die Datenblätter mussten aus urheberrechtlichen Gründen entfernt werden.

BEI GRIN MACHT SICH IHR WISSEN BEZAHLT

- Wir veröffentlichen Ihre Hausarbeit,
  Bachelor- und Masterarbeit

- Ihr eigenes eBook und Buch -
  weltweit in allen wichtigen Shops

- Verdienen Sie an jedem Verkauf

Jetzt bei www.GRIN.com hochladen und kostenlos publizieren